NOTICE HISTORIQUE

SUR

M. DE SIBAS.

NOTICE HISTORIQUE

SUR

M. DE SIBAS,

CHEF DE BATAILLON EN RETRAITE,

A MAULÉON (BASSES-PYRÉNÉES).

PAU,
IMPRIMERIE DE É. VIGNANCOUR.

MDCCCXLVI.

AVANT-PROPOS.

C'est pour toi que j'écris, ma chère fille; l'intérêt que tu as paru prendre au récit de quelques événemens de ma vie, m'engage à les classer ici en les résumant. Ce petit travail, d'ailleurs, n'est pas pour moi sans charmes. Il est doux quelque fois de se reporter dans le passé, d'y revivre pour ainsi dire et de trouver dans ces souvenirs comme le contre-poids des tristesses et des ennuis présens. On sent alors moins vivement le fardeau des années.

Puissent ces épanchemens intimes et ce récit véridique te prouver aussi, ma chère enfant, que, dans la bonne et la mauvaise fortune, ton Père a suivi le droit chemin de l'honneur ! Puissent-ils justifier la tendresse que tu lui témoignes et le respect dont tu environnes sa vieillesse !

NOTICE.

'ÉPROUVAI, dès ma naissance, les effets des préjugés répandus à cette époque. Les lois qui régissaient alors la France favorisaient les aînés au préjudice des cadets. J'en ai été la victime, sous tous les rapports ; aussi mes premières années s'écoulèrent dans l'ignorance et dans l'obscurité ; et lorsque j'eus douze ans et demi, il me fallut partir pour l'île de Saint-Domingue, sans emporter avec moi l'inestimable trésor de l'éducation.

Je ne devais pas cependant tarder à me convaincre que la bonté divine proportionne les secours aux besoins et mesure les consolations aux douleurs.

La France (en 1779) était alors en guerre avec les Anglais, et un convoi de 500 bâtimens environ devait partir de Bordeaux pour se rendre aux Antilles. On nous embarqua, un de mes frères, âgé de 17 ans, et moi, dans un des petits navires attachés à ce convoi. Après un long délai, rendu nécessaire par les circonstances et accompagné pour nous deux de plus d'une privation, nous prîmes la mer. Je ne dirai rien des dangers de cette première navigation qui furent pourtant terribles pendant vingt jours, aimant mieux me rappeler l'inexprimable sensation de bonheur que nous éprouvâmes lorsqu'il nous fut donné de voguer doucement sur la bonne mer des Antilles.... Nous pouvions presque entrevoir déjà le lieu de notre destination et nous étions en face de l'île Puerto-Rico, lorsqu'on signala l'approche d'une escadre Anglaise. C'était la même qui, naguère, avait battu la flotte commandée par le brave comte de Grasse; elle venait sur nous, et force nous fut de chercher un abri dans le port.

Le lendemain, le capitaine de notre bâtiment signifia à tous les passagers que ceux qui voudraient continuer à manger à sa table auraient à lui payer chacun 10 fr. par jour. Il nous était impossible, à mon frère et à moi, de subir ces conditions, car trente misérables francs étaient toutes nos ressources. Ayant donc obtenu qu'on nous mît à terre, nous ne savions que devenir dans ces plages inconnues..... Nous cherchions dans un douloureux entretien le courage et les moyens de triompher de notre infortune.

Nous conversions en la langue de notre chère patrie; et cette circonstance, bien naturelle en elle-même, servit à nous procurer les secours dont nous avions besoin. Dans le même lieu que nous et à une petite distance, se promenait aussi un homme d'une mise distinguée. Il avait entendu ce que, dans mon accablement, j'avais dit à mon frère ; il l'avait compris, car notre promeneur était Basque. S'approchant de nous avec un air de bonté qui nous ranima ; il adressa quelques questions à mon frère sur notre famille, le lieu de notre naissance et celui de notre destination. Puis reprenant la parole : « Je suis, nous dit-il, le capitaine Bardoa, de Saint-Jean-de-Luz, et je me trouve doublement heureux d'avoir rencontré ici deux de mes compatriotes et de pouvoir leur être utile en mettant à leur disposition tout l'argent qui leur est nécessaire pour leur voyage. »

Cette offre inattendue nous causa une joie plus facile à concevoir qu'à exprimer, et mon frère répondit que 10 portugaises (660 fr.) nous suffiraient, ajoutant que cette somme serait exactement payée par les soins de M. de Renoncour, procureur-fondé de la sucrerie Tausin, quartier du grand Soave, dont notre frère aîné était co-propriétaire. Sur cette simple promesse, M. Bardoa nous fit compter la somme demandée et nous laissa pénétrés pour lui d'une reconnaissance qui ne devait s'éteindre qu'avec nous.

Rendus en quelque sorte à la vie par ses bienfaits, nous nous dirigeâmes vers un hôtel dans lequel nous trouvâmes une vingtaine de jeunes Américains qui venaient de faire leurs études en France. Ils s'occupaient ensemble de la rédaction d'un placet qu'ils voulaient présenter au gouverneur de l'île pour obtenir de lui la permission de se séparer de la flotte Française et de s'embarquer sur un bâtiment neutre qui devait, dans deux jours, partir pour S.ᵗ-Thomas. Mon frère et moi nous nous tenions à l'écart, attendant le repas qu'on devait nous servir, lorsqu'un de ces jeunes gens vint à nous et se mit à nous questionner avec toutes les apparences du plus bienveillant intérêt. Je répondis le premier et me plaignis des circonstances malheureuses qui nous retenaient dans ce port sans qu'on pût prévoir le terme de cette captivité. « Eh bien ! reprit notre interlocuteur, voici le moyen d'en sortir ; » et il nous exposa le projet que lui et ses camarades avaient formé. Je l'interrompis, emporté par l'élan d'une franchise que je me croyais permise, et lui fis observer que ce dessein pouvait bien aller à des voyageurs riches, comme l'étaient ses compagnons et lui, mais que les prétentions de deux voyageurs, pauvres comme nous l'étions, devaient se borner à aboutir à Saint-Domingue par une voie proportionnée à leurs ressources pécuniaires. Cette brusquerie naïve fit rire le jeune Américain qui renouvela ses instances. Mon frère intervenant alors, le remercia de son offre, et lui ayant raconté le trait de générosité de M. Bardoa, lui témoigna qu'il n'accepterait sa proposition qu'aux mêmes conditions qu'avait agréées le bon capitaine. Sur cela, le voyageur rejoignit ses compagnons et revint bientôt nous engager à signer avec eux le placet qu'ils avaient préparé. Cela fut vite fait et nous suivîmes nos co-signataires chez le gouverneur. Celui-ci nous accueillit assez mal et refusa ce qui lui était demandé, disant qu'il n'était pas d'humeur à se compromettre pour nous obliger. Son refus cependant ne déconcerta pas les pétitionnaires : ils se rendirent au contraire immédiatement au port ; et, y ayant trouvé un capitaine d'un navire Anglo-Américain, ils convinrent avec lui que nous nous rendrions de nuit avec nos effets, le lendemain, à bord de son bâtiment, ce qui s'exécuta non sans quelques difficultés.

Nous arrivâmes ainsi à Saint-Thomas, et de là, huit jours plus tard, au Port-au-Prince qui est dans l'île même de Saint-Domingue. Nous nous y séparâmes de nos joyeux compagnons de voyage. Ils ne voulurent pas recevoir une obole pour prix de notre traversée ; et, pour se montrer généreux, sans s'en attribuer le mérite, ils nous assurèrent que notre présence dans le bâtiment n'avait en rien ajouté à leurs dépenses. Dieu leur aura tenu compte de cette libéralité délicate !

Quelques heures nous suffirent pour arriver du Port-au-Prince au grand Soave. Nous y reçûmes l'accueil le plus cordial de M. de Renoncourt, auprès de qui pourtant nous n'avions jusqu'alors d'autre recommandation qu'une simple lettre dont nous étions porteurs.

Cet excellent homme s'empressa de placer mon frère chez un de ses amis en qualité d'économe et voulut bien me garder auprès de lui. Mon frère montra bientôt une rare intelligence dans son emploi et serait sans doute arrivé à la fortune, mais il succomba malheureusement à la rigueur du climat ! ! !

Il n'avait que 17 ans, comme je l'ai dit. Quant à moi qui en avais 14, je manquais des connaissances nécessaires et n'y pouvais suppléer que par une observation attentive et une grande fidélité à tous mes devoirs. Ma bonne volonté fut remarquée de M. de Renoncourt et appela sur moi sa confiance. Je puis même ajouter qu'il m'aima dès-lors et j'en trouverais la preuve dans le soin paternel qu'il prit de moi. Il voulut que je le suivisse à sa caféyère, lorsque le domaine dont mon frère aîné était co-propriétaire, fut affermé à M. Burgué.

Ce fut M. de Renoncourt qui me plaça comme économe dans l'établissement dirigé par M. Dubouret et plus tard dans la sucrerie que dirigeait M. de Lassalle. Ces deux derniers étaient amis intimes de mon protecteur et m'honorèrent aussi de leur bienveillante affection. Je commençais à recueillir les fruits de ma bonne conduite, et il m'était permis de bien espérer de l'avenir..... Mais une maladie que les médecins déclarèrent être une nostalgie, m'obligea, comme quelque temps avant M. Dubouret, à rentrer en France. Je quittai donc, non sans espérance d'y revenir un jour, le beau pays de Saint-Domingue, hélas! et je ne devais plus le revoir!

Je ne puis ni ne veux rappeler ici la marche de la révolution qui avait déjà éclaté alors (1789); mais personne n'ignore qu'elle s'attaquait spécialement aux familles nobles et qu'elle les priva de leurs biens et de leurs revenus. Que faire donc, que devenir sans ressources et sans instruction?....

Une de mes sœurs, heureusement inspirée, me conseilla de demander mon admission dans les gardes-du-corps du roi d'Espagne, à l'exemple de quelques jeunes compatriotes à qui cette démarche avait réussi. Je donnai volontiers suite à cette bonne idée; et m'étant muni de mes titres de noblesse, j'entrai le 1.er novembre 1789 dans la diligence de Bayonne à Madrid. J'y eus pour compagnons de voyage MM. le duc de Fitz-James et le vicomte de Gand. Ces deux nobles émigrés, que je ne connus que plus tard, m'imposèrent au premier abord par la politesse distinguée de leurs manières; ils parurent de leur côté touchés de ma discrétion et d'une sorte de timidité que je ne pouvais cacher. Ainsi s'établirent entr'eux et moi des relations qui devenaient à chaque moment plus aisées et plus intimes. Je leur dis qui j'étais et j'appris d'eux-mêmes à qui j'avais affaire; et lorsque nous fûmes arrivés à Madrid, le vicomte, avant de se séparer de moi, daigna m'offrir ses bons services que j'osai accepter, quoique je ne prévisse pas en quoi un si haut patronage pourrait m'être utile. Je comptais sur mon certificat de noblesse et sur une lettre que M. le baron d'Uhart m'avait donnée pour son fils. Celui-ci me témoigna en effet beaucoup de bon vouloir; mais je ne tardai pas à me convaincre qu'il me promettait plus qu'il ne pouvait tenir; d'où je conclus que je devais payer de ma personne et me présenter moi-même au prince de Masérano, capitaine de la compagnie flamande, dans laquelle je désirais entrer. La nécessité me donna du courage et mon courage me porta bonheur. Admis après les formalités ordinaires à l'audience du Prince, je ne pouvais m'empêcher de paraître embarrassé à la vue de la nombreuse et brillante assemblée que j'y rencontrai. Une circonstance infiniment heureuse me donna tout-à-coup de la confiance : je venais de reconnaître le vicomte de Gand. Il causait familièrement avec de M. de Masérano, qui, comme je l'ai su depuis, était son ami de vieille date. Le vicomte me reconnut aussi ; il s'approcha de moi, et, me prenant par le bras, il me présenta au Prince en me recommandant à ses bontés. Celui-ci s'empressa de me montrer tout le cas qu'il fesait d'une si puissante recommandation, s'informa de ce que je désirais, m'admit comme aspirant en première ligne, et eut la bonté de m'indiquer en détail toutes les pièces que j'avais à me procurer, d'après une circulaire récente de Sa Majesté, pour obtenir, sans délai, la faveur que je sollicitais. J'écrivis sur-le-champ en France pour demander les papiers qui étaient exigés ; mais des difficultés qu'il était facile de pressentir, retardant indéfiniment leur envoi, je me résolus à les venir chercher. A ce voyage se rattache le souvenir bien doux pour mon cœur, des témoignages d'intérêt que me prodiguèrent MM. d'Uhart, de Maytie, de Sunhary et d'Abense qui tous occupaient des emplois civils supérieurs, et qui m'aidèrent à me procurer les documens dont j'avais besoin. Il ne me restait qu'à repartir pour Madrid, et j'y retournai en avril 1790. Le prince de Masérano ne m'avait point oublié ; et m'accueillit pour la seconde fois avec une bonté parfaite, examina mes pièces et me préféra, *par faveur spéciale*, à une soixantaine d'autres aspirans.

Ce fut le 28 avril 1790 qu'en qualité de garde-du-corps du Roi j'allai baiser la main de Sa Majesté Charles IV, dans sa résidence royale d'Aranjuez. Depuis cette époque, jusqu'en septembre 1807, j'ai servi dans cette troupe distinguée, soit comme simble garde-du-corps, avec rang de sous-lieutenant de cavalerie et de lieutenant, à 12 ans de service, soit comme maréchal-des-logis, avec rang de capitaine de cavalerie. Mes états de service constatent ce fait, et j'ajoute, avec l'orgueil permis peut-être en ce point à un vieux militaire, qu'ils prouvent ainsi ma constante fidélité à tous mes devoirs pendant ces 18 années. En 1807, le roi Ferdinand se démit de sa couronne en faveur de Joseph Napoléon. Ce grave événement que l'histoire impartiale devra apprécier, me déliait évidemment de mes sermens de fidélité ; mais, à mon grand regret, ma position ne me permit pas de refuser mes services à un autre Roi. Je parlerai ici d'un nouveau voyage que des raisons de santé m'obligèrent à faire en France pendant que j'étais garde-du-corps, et à l'époque si justement appelée de la *terreur*. Le décret du 14 juillet 1789 portait peine de mort contre tout émigré rentrant alors sur le territoire Français. J'échappai, sans beaucoup de peine, à cette effroyable loi ; mais je sais à qui j'en fus redevable, et je trouve du bonheur à le dire, pour acquitter en quelque sorte une dette sacrée. L'intervention obligeante de M.

Vidart de Sauguis m'obtint un passe-port régulier. Ce compatriote distingué était attaché à la cour d'Espagne en qualité de chirurgien; et ses relations avec les personnages les plus élevés de Madrid le mirent en position de faire viser mon passe-port par le général Beurnonville, ambassadeur de la république Française. Cette pièce, revêtue de cette formalité, était pour moi un gage de salut. Cependant et peu après mon arrivée en Soule, le sieur Recalt, puîné de la maison d'Hiriart de Sunhar, que j'avais connu et aimé dans mon enfance, vint m'avertir que, dans une séance du comité révolutionnaire dont il était membre, on s'était occupé de moi; qu'on y avait agité la question de savoir si je devais être considéré comme émigré et traité comme tel, et qu'enfin, quoiqu'on n'eût pas donné suite à cette motion, il avait cru nécessaire de m'en prévenir pour que je prisse les précautions convenables. J'avoue que cette nouvelle me donna quelques inquiétudes, mais elles furent dissipées le même jour par la politesse bienveillante de M. Darhanpé, commandant de notre bataillon de volontaires Basques, qui me fit prier d'assister à un repas qu'il donnerait le surlendemain au corps d'officiers à Saint-Jean-Pied-de-Port. Cette invitation parut être un témoignage manifeste de protection, qui ne m'était donné qu'afin de calmer les esprits.

Elle produisit en effet ce résultat, auquel aida aussi M. de Hagou, commandant de la gendarmerie, dont la prudence ne négligea aucun des moyens qui pouvaient couvrir le secret de ma position. Je dois enfin une mention très-particulière à Mme de Gothein, ma sœur, dont la généreuse affection me fut si utile d'une autre manière et qui vendit une petite maison qu'elle possédait à Tardets pour me donner une partie du prix de cette vente. Je repartis pour me rendre à mon poste, emportant avec moi la reconnaissance la plus vive pour toutes les personnes que je viens de nommer. Je croyais en arrivant à Madrid, y retrouver un autre de mes insignes bienfaiteurs et ami distingué, Don Démétrio O'Higens. Mais les ordres de son oncle, vice-roi du Pérou, l'avaient appelé dans ce royaume, où il fut nommé intendant de la province de Guamango. — Je reviens à l'abdication du 4 septembre 1807. Cet événement fut bientôt suivi de la réforme des compagnies des gardes dont je fesais partie. J'en fus accablé de tristesse, et mon dégoût augmenta encore quand je me vis désigné pour l'infanterie, et supplanté contre toute justice, dans les rangs de la cavalerie, par les neveux du marquis de Branciforte, major de notre corps, et un frère du prince de la Paix, tout puissant alors. Ce passe-droit irrita tellement ma sensibilité que je fus sur le point de demander ma retraite de capitaine, qui ne pouvait m'être refusée. Mais craignant que cette rente ne me fut pas exactement payée à cause des circonstances, je me déterminai à boire le calice, et à me présenter avec mon brevet à l'inspecteur-général d'infanterie, M. de Camponanes; cependant je ne pus me contenir en présence de cet officier-général : je me plaignis à lui de ce qu'on me mettait pour ainsi dire à l'école, puisqu'étant étranger aux manœuvres de l'infanterie, je ne pouvais pas les enseigner aux autres, surtout dans un moment où l'on venait d'adopter la tactique Française pour les soldats Espagnols. Fort heureusement pour moi, M. de Camponanes était compatissant et bon : il n'opposa à l'amertume de mes plaintes qu'une correction adoucie, et m'ayant rappelé qu'un militaire ne doit se mettre en peine que d'obéir, il me proposa, pour diminuer mes chagrins, en me rapprochant de ma patrie, de m'envoyer à Saint-Sébastien, où le 1.er bataillon de mon régiment tenait garnison. Il ajouta même à ces bontés celle de me recommander à M. le général Olaguez-Felieu, son ami, et capitaine-général de la province de Guipuzcoa. Je reçus effectivement de celui-ci l'accueil le plus propre à me flatter et à me donner de la confiance. Je fus en outre à Saint-Sébastien l'objet des plus touchantes attentions de la part de plusieurs personnes; parmi lesquelles je ne saurais me dispenser de citer M. Joseph de Birmingham et M. Louis Darotchez. Je dois à l'obligeance de ce dernier les premières bonnes leçons de tactique Française, et je lui en garde bien de la gratitude.

Le général Olaguez venait d'établir par ordre supérieur, sur la ligne d'Irun à Vittoria, des étapes pour recevoir les troupes Françaises destinées au Portugal. Sur chaque point était un officier de sa confiance, ayant pour mission de pourvoir aux besoins des soldats, d'exercer une surveillance active, mais sans importunité sur les autorités civiles et de maintenir, par tous les moyens, la concorde entre les troupes et les habitans des lieux qu'elles traversaient. Tolosa était l'un des points importans et principaux de la ligne, et on me le confia. J'acceptai cet emploi non sans répugnance, parce que j'en entrevoyais aisément toutes les difficultés, mais avec la résolution d'en remplir toutes les obligations. Ai-je été assez heureux pour les comprendre et y être fidèle? C'est à quoi répondent d'une manière honorable pour moi, 1.º le certificat qui me fut donné par le prince d'Irumbourg et les bons témoignages qu'il rendit de moi au comte de Lassalle, son successeur dans le commandement de la division militaire de Tolosa; 2.º les paroles flatteuses que m'adressa ce dernier en m'exhortant à suivre la même ligne de conduite et à compter sur son affection; 3.º le fait seul de la bonne intelligence constamment conservée par des moyens de conciliation entre une population jalouse de ses libertés et nos soldats, malgré une émeute populaire qui avait pour but d'égorger au bruit du tocsin vingt-deux d'entre mes compatriotes, habitans de Tolosa, et plusieurs employés; et cela dans un temps où chaque jour presque on voyait des rixes sanglantes parmi ces populations exaspérées; 4.º le grade de chef-de-bataillon et la croix de l'ordre royal, institué par Joseph Bonaparte, qui me furent accordés pour prix de mes services; 5.º la lettre officielle du conseil général des notables de la province de Guipuzcoa, datée de El Goïbar, et à moi adressée comme marque de reconnaissance et de sympathie ; le mémoire envoyé au Roi par le conseil municipal de Tolosa ; et enfin les adieux touchans que me fit par écrit cette même assemblée. Toutes ces pièces, celles déjà citées et d'autres auxquelles je pourrais faire allusion encore, seront jointes à ce mémoire, m'ayant semblé que rien ne pouvait mieux en établir le contenu, ni perpétuer dans ma famille les divers sentimens dont je suis pénétré moi-même.

Au mois de juin 1813 eut lieu la retraite de nos troupes. Je les suivis en France ; j'arrivai à Bayonne, où, peu de jours après, je reçus une lettre de M. de Reboul, aujourd'hui chef-d'escadron en retraite à Toulouse. Cet ancien et cher compagnon d'armes m'écrivait de Paris qu'il venait d'entrer au service de la France avec le même grade qu'il avait en Espagne, et m'engageait à faire au plus tôt les démarches nécessaires pour profiter, comme lui, du décret impérial qui maintenait dans leurs grades, en France, les officiers qui avaient été attachés au service du roi Joseph. Je suivis ce conseil, et j'adressai, dans cet objet, un mémoire au général baron Thouvenot, qui venait d'être nommé commandant supérieur de ce département, et sous les ordres de qui j'avais servi pendant cinq années. Cet officier-supérieur eut la bonté d'apostiller ma demande, et, par brevet du 18 novembre 1814, je fus nommé chef-de-bataillon en demi solde, avec une telle promptitude que les pièces justificatives mentionnées dans ma supplique, et dont j'ai parlé, ne me furent demandées qu'après coup.

Les Cent Jours arrivèrent et me trouvèrent dans cette position, honorable sans doute, mais qui me mettait à peine à l'abri du besoin. Je fus nommé commandant de la place de Pau. Le certificat ci-joint de M. de Perpigna, maire de cette ville, dira comment j'y remplissais les devoirs de ma charge, lorsque le pouvoir de Bonaparte fut renversé encore, et cette fois pour toujours. Je dus me présenter à M. le comte de Chauvigni de Blot, commandant le département, et qu'on disait sévère pour ceux qui avaient suivi le même drapeau que moi. J'entrai chez lui à neuf heures du soir, aussitôt après être descendu de voiture. Il me tardait de le connaître, de lui ouvrir mon cœur, de me mettre à ses ordres et de le convaincre que je n'avais à rougir de rien. Il me reçut bien, et après m'avoir promis d'examiner mes pièces, il m'engagea à prendre le repos dont j'avais besoin. Trois jours après je me présentai de nouveau à lui : « J'ai fait
» ce que je vous avais promis, me dit-il ; les papiers
» que vous m'avez confiés prouvent suffisamment que
» vous êtes homme d'honneur, vous ne tarderez pas
» à vous apercevoir que je vous regarde aussi comme
» tel : allez, en attendant, vous reposer encore et
» travaillez à calmer votre sensibilité exagérée. Elle
» pourrait compromettre une santé qui déjà m'est
» chère. » Je sortis de sa présence bien consolé par ces témoignages d'estime et d'affection.

Huit jours plus tard, Bayonne était en émoi. Un corps de troupes Espagnoles venait d'entrer sur notre territoire et l'on ne savait que penser des suites de

cette invasion inattendue. Je m'en préoccupais comme tout le monde, quand je reçus l'avis officiel du comte de Blot, qui me nommait commandant du camp de Mousserolle. Je courus aussitôt chez M. de Chauvigni pour lui faire agréer mes vifs remercîmens et mon refus obligé : « Mon général, lui dis-je, je serai heu-
» reux de servir sous vos ordres en qualité de sim-
» ple volontaire dans la garde nationale; mon épée
» et ma vie sont à la disposition de mon Roi et de
» ma patrie; mais daignez retirer ma nomination,
» dont je ne puis accepter l'honneur; l'affection mo-
» rale qui m'accable et que vous avez vous-même
» appréciée me rend inhabile à tout commandement. »
Il parut s'étonner de mon discours, et, après un moment de silence, il me fit un devoir d'obéir, alléguant des raisons de famille auxquelles je ne pouvais point ne pas être sensible, et ajoutant que, selon toutes les prévisions, l'armée Espagnole ne tarderait pas à repasser nos frontières. Sa prédiction se réalisa en effet quatre jours après, et ma nomination fut rendue inutile par ce seul fait.

Je n'en devais pas moins recevoir bientôt de nouvelles preuves de la bienveillante sympathie de M. le comte de Blot; il était allé se fixer en qualité de chef militaire à Pau, d'où il écrivit, en conséquence d'une ordonnance royale, à tous les officiers en demi solde de se rendre dans ses bureaux avec leurs titres, pour y dire leurs désirs ou recevoir ses ordres. Je m'empressai de me conformer à ses volontés. J'aurais à m'égayer sur le compte d'un employé subalterne qui me mit de fort mauvaise humeur, par l'indiscrétion de ses questions et par la singulière importance qu'il jugea à propos de se donner; mais j'aime mieux ne pas lui donner trop de place dans ce court récit et parler de l'excellent général. J'allai droit à sa chambre, dont il vint ouvrir la porte quoiqu'il fût souffrant. Quand je fus entré, il se remit sur son lit; et n'en écouta pas moins, avec le plus grand intérêt, tous les détails de mon affaire. Je lui exposai les raisons qui me fesaient désirer ma retraite (dix-huit cents francs par an) et les droits incontestables que j'y avais. Il se chargea de les faire valoir et il m'a tenu parole. Aussi le souvenir de sa puissante intervention est-il venu fréquemment se placer dans mon cœur, depuis qu'il m'a été donné de me délasser au milieu de mes chers concitoyens, des travaux d'une vie agitée et pénible.

Ici se termine mon petit travail, dont la rédaction, souvent interrompue, à cause du mauvais état de ma santé, est dûe aussi, ma chère fille, à ta douce collaboration. Ceux à qui tu le donneras à lire seront convaincus, je l'espère, que la mémoire de ton père n'a pas à redouter les jugemens des hommes qui l'ont bien connu. Il ne lui reste donc plus, avant de mourir, qu'à obtenir aussi miséricorde de celui qui juge *les justices mêmes*. Aide-l'y par tes prières. Quant aux variations blâmables au premier abord, qui ont signalé une partie de mon existence, voici ma réponse simple et franche comme le cœur d'un soldat : « Si j'ai dû quelquefois faire aux circonstances le sacrifice de mes opinions, ce n'a jamais été au détriment de la loyauté ; et dans les fonctions que j'ai acceptées, j'ai fait tout le bien que j'ai pu. »

Notes.

I.

J'ai voulu recueillir ici quelques souvenirs particuliers qui me persuadent que quelque modeste que soit la position qui nous échoit, il est toujours donné à l'homme d'avoir la satisfaction d'être plus ou moins utile à ses semblables, s'il le désire véritablement. Je n'avais pour moi que l'espèce de faveur qui s'attachait encore à cette époque au corps auquel j'appartenais, et néanmoins j'eus le bonheur de pouvoir obliger plusieurs de mes compatriotes.

Lorsque je revins de l'île Saint-Domingue, je fis la connaissance de l'abbé Etchezar. Plus tard, c'est-à-dire en 1791, cet ecclésiastique, déporté à Pampelune, reçut de l'Evêque de ce Diocèse l'ordre de se rendre dans l'Andalousie. Vivement contrarié d'une destination qui l'éloignait de plus en plus de sa famille et de ses amis, il vint me trouver à Madrid et me pria de le présenter à M.gr l'Archevêque de Tolède et de lui obtenir, par la puissante entremise de ce Prélat, la permission de résider à Pampelune. N'ayant pas l'honneur de connaître le Cardinal, je comprenais ce que cette démarche avait de hardi, mais je ne tins compte d'aucun obstacle et j'allai au palais de l'Archevêque. J'essayai de faire valoir auprès du Primat tous les droits de l'abbé Etchazar à sa bienveillante protection. Je parlai de celui-ci comme d'un parent défenseur zélé du trône et de l'autel, et je ne manquai pas d'ajouter qu'en l'éloignant de nos frontières, on le priverait des secours que lui envoyait sa famille et l'on aggraverait les malheurs de sa position. M.gr l'Archevêque eût égard à ma recommandation; et non seulement il donna à l'abbé Etchezar une lettre qui devait lui assurer la faveur que nous sollicitions, mais encore il lui fit accepter de l'argent pour son voyage.

II.

Lorsque je commençai ma carrière militaire (avril 1790), on me donna pour couchambriste, dans notre hôtel des gardes, Don Démétrio O'Higens, neveu du vice-roi du Pérou, jeune homme doué de sentimens élevés et d'un bon cœur, mais d'un caractère fougueux et qui n'avait pu compatir avec ses précédens camarades. Lorsque je pris possession de ma place près de lui, je lui dis clairement que, moi aussi, j'étais d'un caractère sensible et peu endurant, mais que s'il mettait de la bonne volonté à s'observer, j'en ferais de même; pensant que par ce moyen nous pourrions vivre en bons camarades. Il me répondit qu'il savait de mes nouvelles; et, effectivement, je m'étais fait connaître dès les premiers momens que j'entrai dans les gardes ; il finit par me serrer la main, en me disant que nous serions bien ensemble. Il ne se trompa pas, car nous vécûmes comme frères pendant cinq années, après lesquelles nous dûmes nous séparer, parce qu'il fut nommé intendant de la province de Guamango, dans le royaume du Pérou, dont son oncle était vice-roi.

Dans cette circonstance le hasard servit mes bonnes intentions ; car, ayant été prié par lui de donner cours à une lettre qu'il écrivait à son oncle, je pris la détermination de la retenir, parce que je la trouvai écrite en termes excessivement violents, et propre à lui nuire dans l'esprit de son oncle, dont la protection lui était nécessaire pour obtenir de l'avancement. Quelques jours après, il reçut sa nomination ; à cette nouvelle, il regrettait vivement d'avoir écrit à son oncle la lettre dont il s'agit. Je m'empressai alors de la lui remettre en lui fesant part de mes réflexions. Il m'embrassa, les larmes aux yeux, et me dit qu'il me devait sa fortune et son bonheur, mais qu'il me prouverait que je n'avais pas affaire à un ingrat. Il me tint parole; et moi, de mon côté, je fus aussi en position de lui rendre des services à la cour, en pressant ses protecteurs et ses agens.

III.

En 1791, un de mes frères, ecclésiastique, se trouvant déporté en Espagne, vint me trouver à Madrid. Je présentai au Roi un placet en le suppliant de le reconnaître comme descendant d'une famille de la Haute-Navarre, Sexto-Mérindad, district Basque, qui, ayant appartenu à l'Espagne, avait conservé le privilège, pour ses habitans, d'être considérés comme Espagnols, et, par conséquent, aptes à tous emplois civils et militaires, comme les nationaux. Ce placet, rédigé par un magistrat qui connaissait les lois et usages de la Haute-Navarre, eut tout le succès que nous pouvions en attendre; car, mon frère, eu égard aux privilèges de la Sexto-Mérindad, obtint la place de chapelain de l'hôpital général de Madrid.

Quelques temps après, je reçus une lettre de M. le baron Dombidau de Crouseilhes, émigré, avec sa famille, et résidant à Valladolid, qui s'adressait à moi, en qualité de parent, pour me prier de faire des démarches, afin d'obtenir l'entrée de ses deux frères dans les gardes. — Je me présentai, en conséquence, au capitaine de ma compagnie, le prince de Mazérano, qui avait eu toujours la bonté de me protéger, et je lui fis part de ce qu'on désirait. Le Prince me répondit que la France avait demandé au Roi de vouloir s'abstenir de recevoir, pour le moment, des Français dans les gardes. Je fis connaître alors au Prince, la faveur que je venais d'obtenir pour mon frère; il me répondit à la fin qu'il ferait valoir auprès de Sa Majesté les raisons de parenté et autres, que j'exposais, pour faire entrer ces Messieurs dans les gardes; ce qu'ils obtinrent, et j'eus la satisfaction de faire faire à notre corps une bonne acquisition; car les Messieurs de Crouseilles servirent avec honneur et distinction jusqu'à la réforme des gardes.

IV.

A peu près à la même époque, l'armée du prince de Condé fut *licenciée*; et le chevalier d'Arthez, mon ami et camarade d'enfance, qui servait avec distinction dans ce corps d'émigrés, se retira à Séville, où, ne sachant quel parti prendre, il se plaça en qualité de commis chez un négociant. Le hasard lui ayant fait rencontrer un de mes camarades des gardes, qui se trouvait accidentellement à Séville, il m'écrivit pour me faire connaître sa position qui n'était pas meilleure que la mienne, avec la différence que lui, rempli de moyens, parvint en trois mois de temps, à se mettre au courant des affaires du commerce et apprit parfaitement la langue Espagnole; mais la pénurie des finances était la même chez les deux. Je parvins cependant à le tirer momentanément d'embarras, sans faire aucun débours, et voici comment : — La guerre que nous avions avec l'Angleterre était cause que les cigarres de la Havanne étaient fort rares, et leur prix, en détail, à 80 fr. la livre. La Reine, Marie-Louise, demanda au Ministre d'en délivrer à chaque garde une livre, au prix coûtant qui ne s'élevait qu'à 11 fr.; et comme il se trouvait dans la compagnie beaucoup de gardes qui ne fumaient point, je leur fis céder la livre à laquelle ils avaient droit, et je parvins à en réunir 75, que j'envoyai à mon ami d'Arthez.

La même année (c'était en 1791), il s'engagea dans une intrigue d'amour et fut sur le point de se marier avec une demoiselle de haute distinction; mais les parens s'y opposèrent et d'Arthez se vit traduit par eux devant la cour royale de Séville, sous la prévention d'être un chevalier d'intrigues et fils d'un chaudronnier; alors, voyant que la partie n'était pas égale, il prit le large et vint à Madrid. Mais, il se trouvait que le confesseur du Roi était oncle propre de sa prétendue et il craignit qu'on ne lui écrivit. Ne sachant comment prévenir les résultats d'une telle démarche, je lui dis que j'allais l'accompagner chez le confesseur du Roi, quoique je ne l'eusse jamais vu ni connu. Nous nous dirigeâmes donc au palais du Prélat qui nous reçut fort honnêtement; je pris la parole et lui dis:

Monseigneur, j'espère que vous ne trouverez pas mauvais que j'aie l'honneur de vous présenter ici mon parent, un défenseur de la bonne cause, qui a versé son sang en servant dans l'armée du prince de Condé jusqu'au licenciement de cet illustre corps. Il est allé se réfugier à Séville ; sa position l'a obligé à se mettre dans le commerce, où il a éprouvé l'humiliation de se voir soupçonné d'être fils de chandronnier, intrigant, et poursuivi comme tel, il s'est vu forcé de se réfugier dans la capitale pour éviter d'être inquiété ; j'ose, Monseigneur, vous supplier d'avoir égard à sa position..... — Je vous entends, Monsieur le garde-du-corps, me répondit le Prélat, et je vous donne ma parole de Capellan (chapelain), que Monsieur ne doit rien redouter de moi ni des miens. — Nous nous retirâmes donc satisfaits de cette entrevue.

Après que la paix fut faite entre la France et l'Espagne, j'aidai encore à d'Arthez à faire la route avec moi de Madrid à Pampelune, en le faisant figurer dans mon passe-port comme m'étant attaché dans une mission militaire que j'allais remplir, par ordre du ministre de la guerre, auprès du vice-roi de Navarre ; ce qui lui épargna les frais de voyage.

PAU, IMPRIMERIE DE É. VIGNANCOUR.

www.ingramcontent.com/pod-product-compliance
Lightning Source LLC
Chambersburg PA
CBHW060917050426
42453CB00010B/1781